Studies

Études

Etüden

for piano • pour piano • für Klavier

K 134

INDEX

Playing Legato
Legatospiel
Jeu lié

1. Carl Czerny (1791–1857) Op. 599.	6
2. Carl Czerny, Op. 599.	6
3. Louis Köhler (1820–1886) Op. 162.	7
4. Carl Czerny, Op. 599.	7
5. Cornelius Gurlitt (1820–1901) Op. 82.	8
6. Carl Czerny, Op. 599.	8
7. Cornelius Gurlitt, Op. 82.	9
8. Cornelius Gurlitt, Op. 82.	9
9. Cornelius Gurlitt, Op. 82.	10
10. Ludvig Schytte (1848–1909) Op. 108.	10
11. Johann Nepomuk Hummel (1778–1837)	11
12. Hermann Berens (1826–1880) Op. 70.	11
13. Aleksander Gedike (1877–1957) Op. 6.	12
14. Aleksander Gedike, Op. 6.	13
15. Ludvig Schytte, Op. 6.	13
16. Henry Lemoine (1786–1854) Op. 37.	14
17. Albert Löschhorn (1819–1905) Op. 65.	15
18. Henry Lemoine, Op. 37.	16
19. Henry Lemoine, Op. 37.	16
20. Cornelius Gurlitt, Op. 186.	17
21. Cornelius Gurlitt, Op. 186.	18
22. Louis Köhler, Op. 242.	19
23. Louis Köhler, Op. 242.	20
24. Henry Lemoine, Op. 37.	21
25. Hermann Berens, Op. 88.	23
26. Cornelius Gurlitt, Op. 199.	25
27. Cornelius Gurlitt, Op. 199.	26
28. Henri Bertini (1798–1876) Op. 29.	27
29. Henri Bertini, Op. 29.	29
30. Henri Bertini, Op. 29.	30
31. Robert Schumann (1810–1856): Melodie – Melody – Mélodie, Op. 68.	31
32. François Dandrieu (1682–1738): Les Tourbillons – Wirbel – Eddy	32
33. Johann Sebastian Bach (1685–1750): Sarabande con Partite, BWV 990/X	33
34. Wolfgang Amadeus Mozart (1756–1791): Allegro, KV 25/III	34

Playing with Alternating Hands and in Unison, Crossing of Hands
Spiel mit abwechselnden Händen und Unisono, Handkreuzung
Jeu en alternant les mains et à l'unisson, croisement des mains

35. Aleksander Gedike, Op. 36.	35
36. Cornelius Gurlitt, Op. 82.	36
37. Ludvig Schytte, Op. 160.	36
38. Cornelius Gurlitt, Op. 82.	37
39. Ludvig Schytte, Op. 160.	37
40. Carl Czerny, Op. 261.	38
41. Aleksander Gedike, Op. 36.	38
42. Aleksander Gedike, Op. 8. (Miniatura)	39

43. Carl Czerny, Op. 199.	41
44. Carl Czerny, Op. 599.	42
45. Cornelius Gurlitt, Op. 199.	43
46. Aleksander Gedike, Op. 32.	44
47. Aleksander Gedike, Op. 32.	45
48. Henri Bertini, Op. 100.	46
49. Henry Lemoine, Op. 37.	47
50. Carl Czerny, Op. 139.	48
51. Carl Czerny, Op. 261.	49
52. Henri Bertini, Op. 100.	49
53. Carl Czerny, Op. 139.	51
54. Carl Czerny, Op. 139.	52
55. Carl Czerny, Op. 139.	53
56. Stephen Heller (1813–1888), Op. 46.	54
57. Johann Friedrich Burgmüller (1806–1874): Inquiétude – Unruhe – Inquietude, Op. 100.	55
58. Johann Christoph Friedrich Bach (1732–1795): Solfeggio	56
59. Carl Philipp Emanuel Bach (1714–1788): Presto	57
60. Robert Schumann: Kleine Studie – A Short Study – Petite étude, Op. 68.	59
61. Robert Schumann: Phantasietanz – Fancy-Dance – Fantaisie-Danse, Op. 124.	61
62. Johann Friedrich Burgmüller: L'hirondelle – Die Schwalbe – The Swallow, Op. 100.	63

Broken Chord, Tremolo and Passage
Gebrochener Akkord, Tremolobewegung und Passage
Accord brisé, trémolo et passage

63. Ludvig Schytte, Op. 160.	65
64. Aleksander Gedike, Op. 36.	65
65. Cornelius Gurlitt, Op. 82.	66
66. Cornelius Gurlitt, Op. 82.	67
67. Louis Köhler, Op. 242.	67
68. Louis Köhler, Op. 50.	69
69. Louis Köhler, Op. 50.	70
70. Cornelius Gurlitt, Op. 199.	71
71. Cornelius Gurlitt, Op. 82.	72
72. Stephen Heller, Op. 125.	73
73. Carl Czerny, Op. 599.	74
74. Carl Czerny, Op. 139.	75
75. Carl Czerny, Op. 139.	76
76. Jean-Baptiste Duvernoy (1820–1880), Op. 276.	77
77. Carl Czerny, Op. 718.	79
78. Henri Bertini, Op. 175.	80
79. Hermann Berens, Op. 88.	81
80. Carl Czerny, Op. 748.	83
81. Stephen Heller, Op. 125.	85
82. Johann Sebastian Bach: Menuet, BWV Anh. 116.	86
83. Georg Philipp Telemann (1681–1767): Fantasia, TWV 33:33.	87
84. Domenico Zipoli (1688–1726): Allegro	89
85. Johann Sebastian Bach: Praeambulum, BWV 924.	90
86. Carl Philipp Emanuel Bach: Klavierstück für die rechte oder linke Hand allein – Piano Piece for the Right or the Left Hand Alone – Piece pour piano a la main gauche ou droite seul	91
87. Carl Philipp Emanuel Bach: Solfeggio	91
88. Carl Philipp Emanuel Bach: Allegro	92
89. Friedrich Kuhlau: (1786 – 1832): Österreichisches Volkslied – Austrian Folksong – Chanson populaire autrichienne, Op. 42.	93
90. Carl Maria von Weber: (1786–1826): Walzer, Jähns-Anh. 148.	94

Chord and Staccato
Akkord und Staccato
Accord et staccato

91. Carl Czerny, Op. 599.	95
92. Cornelius Gurlitt, Op. 82.	96
93. Ludvig Schytte, Op. 108.	96
94. Cornelius Gurlitt, Op. 82.	97
95. Cornelius Gurlitt, Op. 82.	97
96. Carl Czerny, Op. 599.	98
97. Cornelius Gurlitt	99
98. Carl Czerny, Op. 139.	100
99. Carl Czerny, Op. 823.	100
100. Henry Lemoine, Op. 37.	101
101. Carl Czerny, Op. 261.	102
102. Hans Schmitt (1835–1907)	103
103. Jean-Baptiste Duvernoy, Op. 276.	104
104. Hermann Berens, Op. 70.	104
105. Henry Lemoine, Op. 37.	105
106. Carl Czerny, Op. 599.	107
107. Carl Czerny, Op. 599.	107
108. Carl Czerny, Op. 599.	108
109. Carl Czerny, Op. 599.	109
110. Henri Bertini, Op. 29.	109
111. Carl Czerny, Op. 139.	111
112. Jean-Baptiste Duvernoy, Op. 276.	113
113. Henry Lemoine, Op. 37.	114
114. Henri Bertini, Op. 32.	115
115. Stephen Heller, Op. 45.	117
116. Stephen Heller, Op. 45.	118
117. Hugo Reinhold (1854–1935): Rhytmische Studie – Rhytmic Study – Étude rythmique, Op. 57.	119
118. Robert Schumann: Wilder Reiter – The Wild Rider – Le cavalier sauvage, Op. 68.	120
119. Robert Schumann: Armes Waisenkind – Poor Orphan – Le pauvre orphelin, Op. 68.	121
120. Johannes Brahms: Walzer	122
121. Pjotr Iljitsch Tschaikowski (1840–1893): Der kleine Reiter – The Little Rider – Le petit cavalier	123

Velocity in Playing
Geläufiges Spiel
Jeu véloce

122. Carl Czerny, Op. 821.	125
123. Albert Löschhorn, Op. 65.	125
124. Henry Lemoine, Op. 37.	127
125. Carl Czerny, Op. 718.	128
126. Cornelius Gurlitt, Op. 186.	129
127. Cornelius Gurlitt, Op. 186.	130
128. Louis Köhler, Op. 242.	131
129. Henri Bertini, Op. 29.	132
130. Carl Czerny, Op. 299.	133
131. Henri Bertini, Op. 29.	135

132. Carl Philipp Emanuel Bach: Fantasia	135
133. Johann Sebastian Bach: Praeambulum, BWV 927	138
134. François Couperin (1668–1733): Les Papillons – Schmetterlinge – Butterflies	139
135. Johann Sebastian Bach: Praeludium, BWV 902a	141

Ornament
Verzierung
Ornement

136. Carl Czerny, Op. 599	143
137. Carl Czerny, Op. 261	144
138. Carl Czerny, Op. 261	144
139. Carl Czerny, Op. 599	145
140. Stephen Heller, Op. 125	146
141. Carl Czerny, Op. 139	148
142. Hermann Berens, Op. 88	149
143. Johann Sebastian Bach: Polonaise, BWV Anh. 128	150
144. Johann Friedrich Burgmüller: La gracieuse – Die Anmutige – The gracefull girl, Op. 100	151

Repetition
Repetition
Répétition

145. Carl Czerny, Op. 821	152
146. Carl Czerny, Op. 261	152
147. Carl Czerny, Op. 261	153
148. Henri Bertini, Op. 100	154
149. Carl Czerny, Op. 139	155
150. Domenico Scarlatti (1685–1757): Sonata in a, K149, L93	156

Playing in Octaves
Oktavspiel
Jeu en octaves

151. Hermann Berens, Op. 88	158
152. Carl Czerny, Op. 821	160
153. Carl Czerny, Op. 821	160
154. Henri Bertini, Op. 29	161
155. Henri Bertini, Op. 29	163
156. Henri Bertini, Op. 29	164
157. Wolfgang Amadeus Mozart: Allegro, KV 179/X	165
158. Franz Schubert (1797–1828): Valse noble, Op. 77	166

Playing Legato
Legatospiel
Jeu lié

Cornelius Gurlitt
Op. 82.

Allegretto

9.

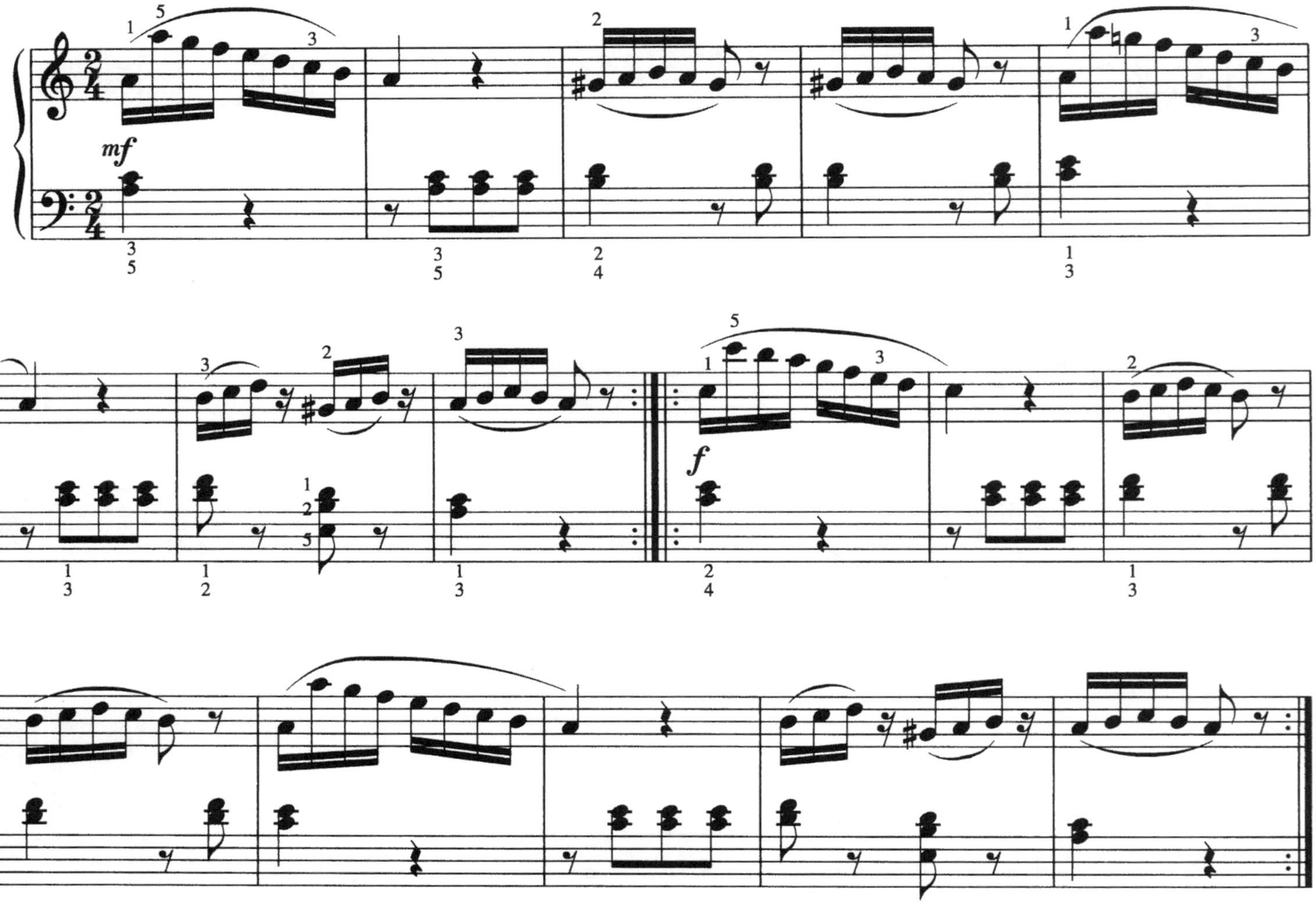

Ludvig Schytte
Op. 108.

Allegretto grazioso

10.

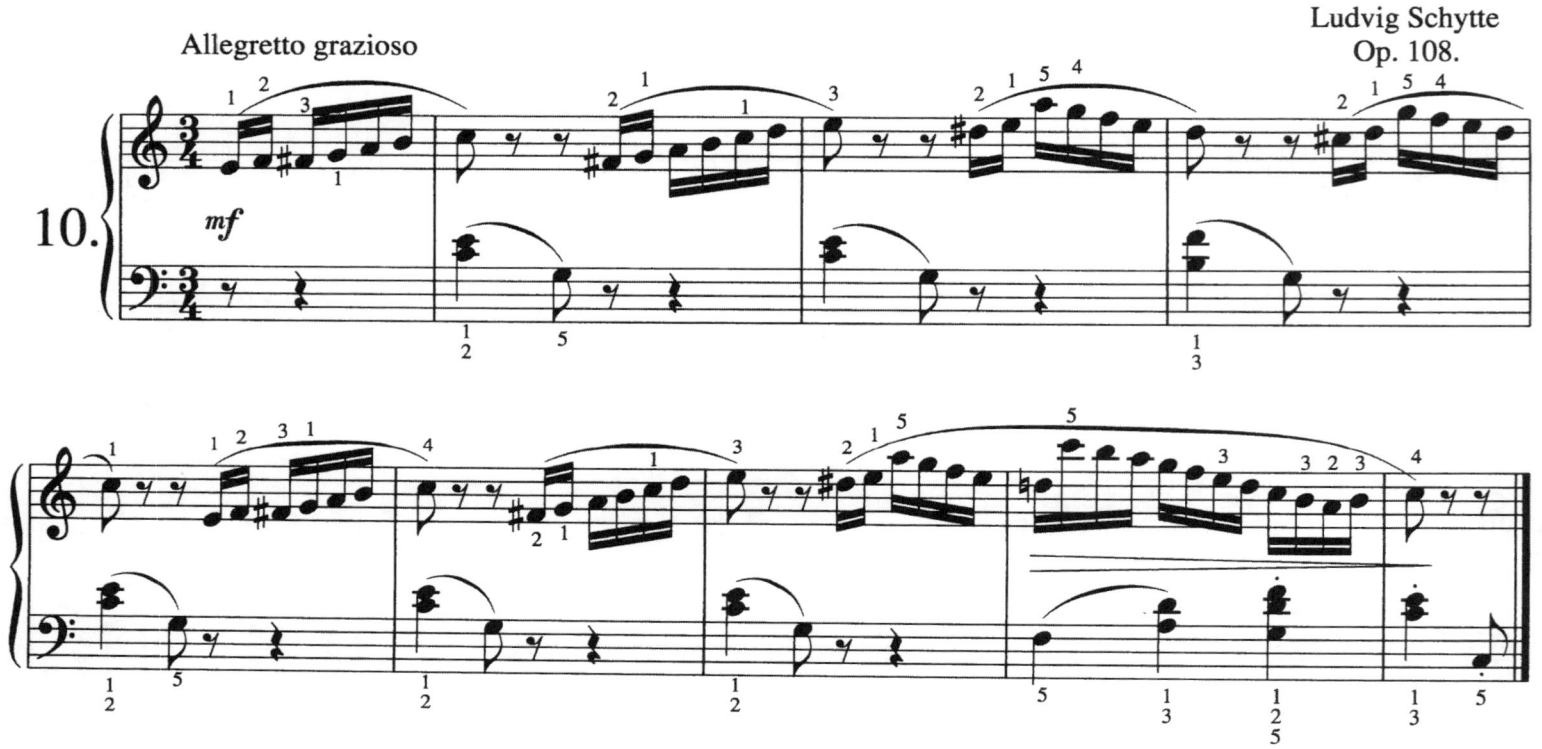

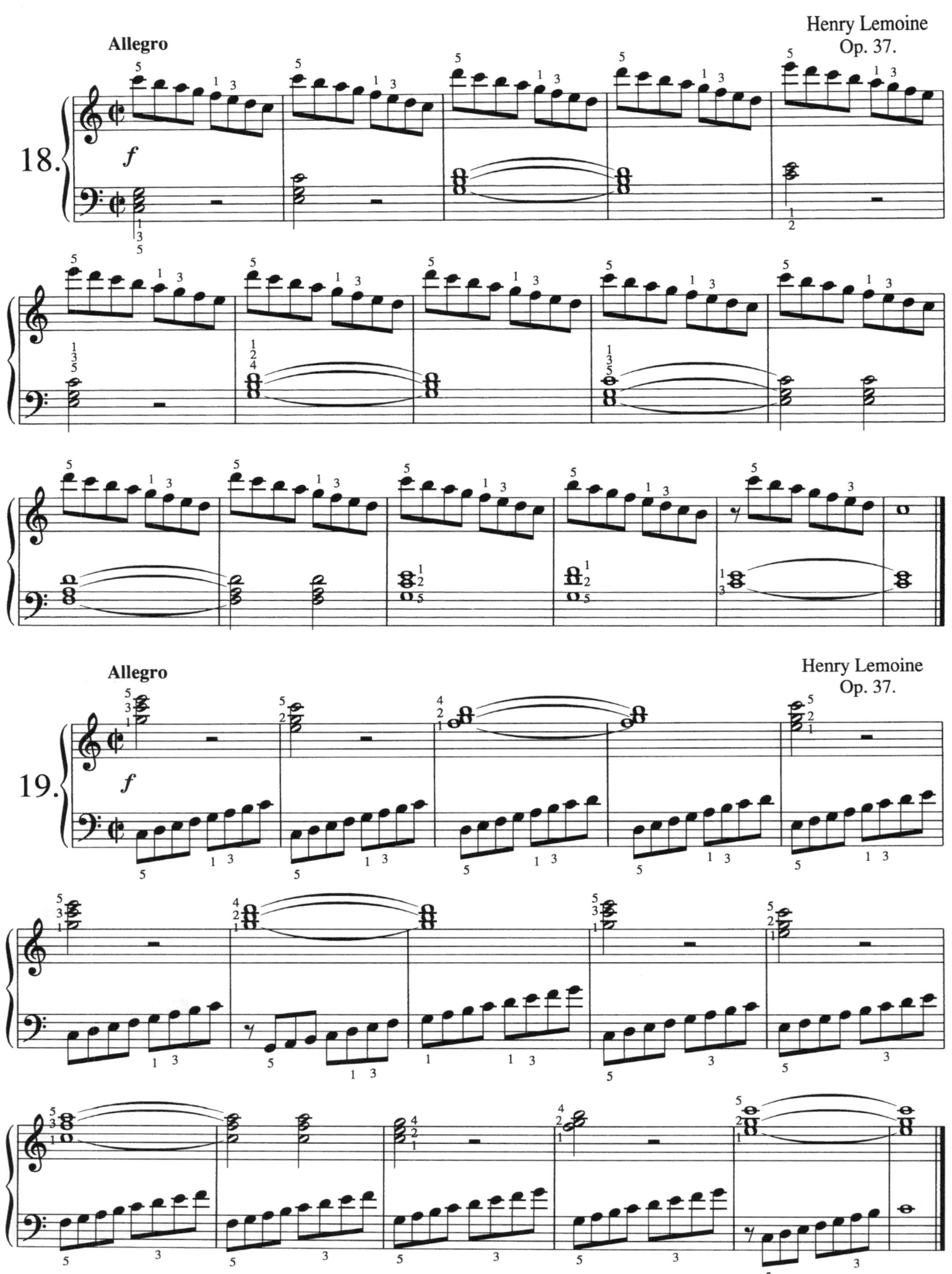

Cornelius Gurlitt
Op. 186.

21.

Cornelius Gurlitt, Op. 199.

Melodie

Robert Schumann
Op. 68.

31.

Les Tourbillons

François Dandrieu

Fine

Da Capo al Fine

Sarabande con Partite

Johann Sebastian Bach
BWV 990/X

Allegro

Wolfgang Amadeus Mozart
KV 25/III

Playing with Alternating Hands and in Unison, Crossing of Hands
Spiel mit abwechselnden Händen und Unisono, Handkreuzung
Jeu en alternant les mains et à l'unisson, croisement des mains

Miniatura

Aleksander Gedike
Op. 8.

Allegrissimo

42.

Inquiétude

Johann Friedrich Burgmüller
Op. 100.

Allegro agitato

57.

Solfeggio

Johann Christoph Friedrich Bach

58.

Kleine Studie

Leise und sehr egal zu spielen

Robert Schumann, Op. 68.

Phantasietanz

Robert Schumann
Op. 124.

Sehr rasch

61.

L'hirondelle

Johann Friedrich Burgmüller
Op. 100.

Broken Chord, Tremolo and Passage
Gebrochener Akkord, Tremolobewegung und Passage
Accord brisé, trémolo et passage

Ludvig Schytte
Op. 160.

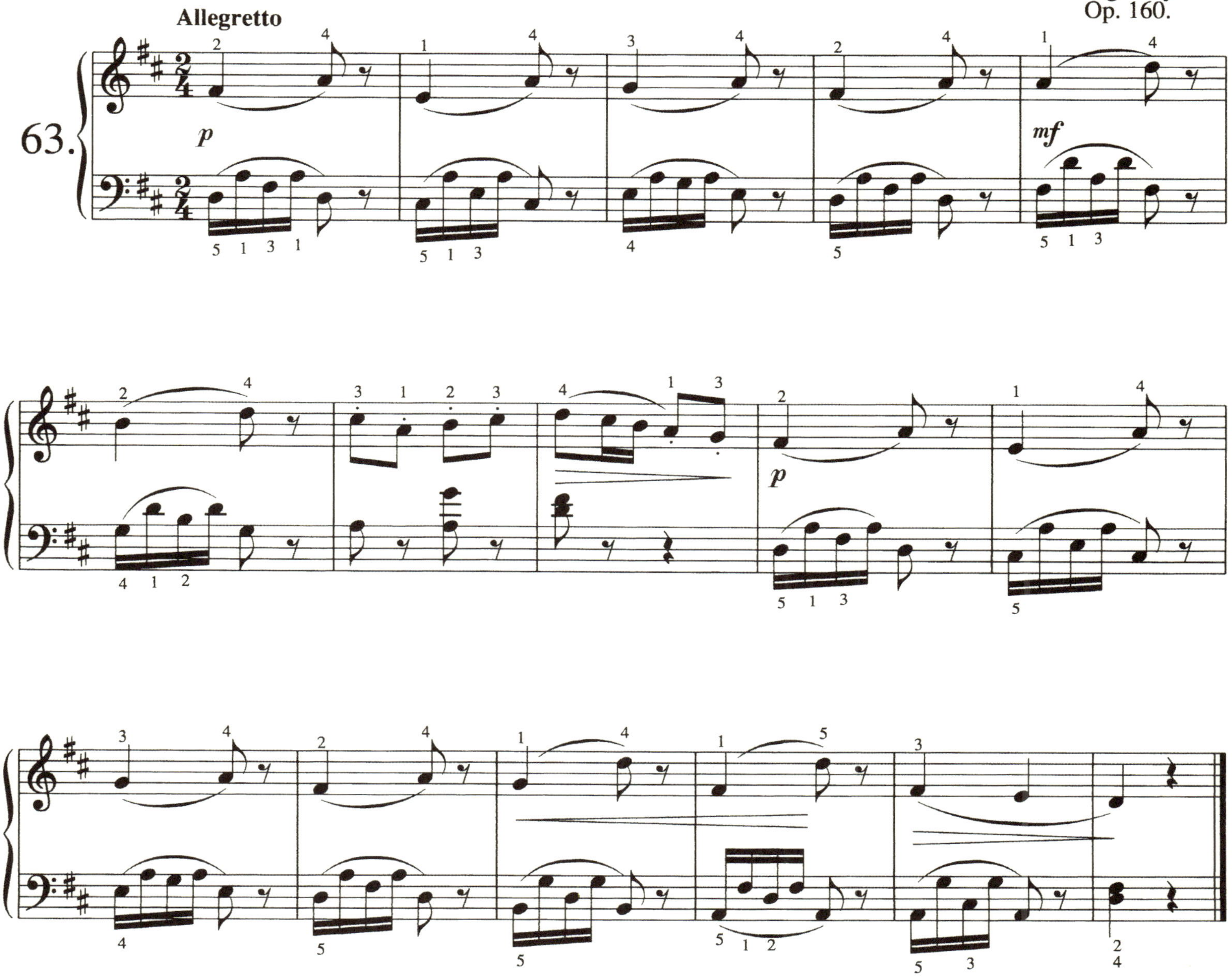

Aleksander Gedike
Op. 36.

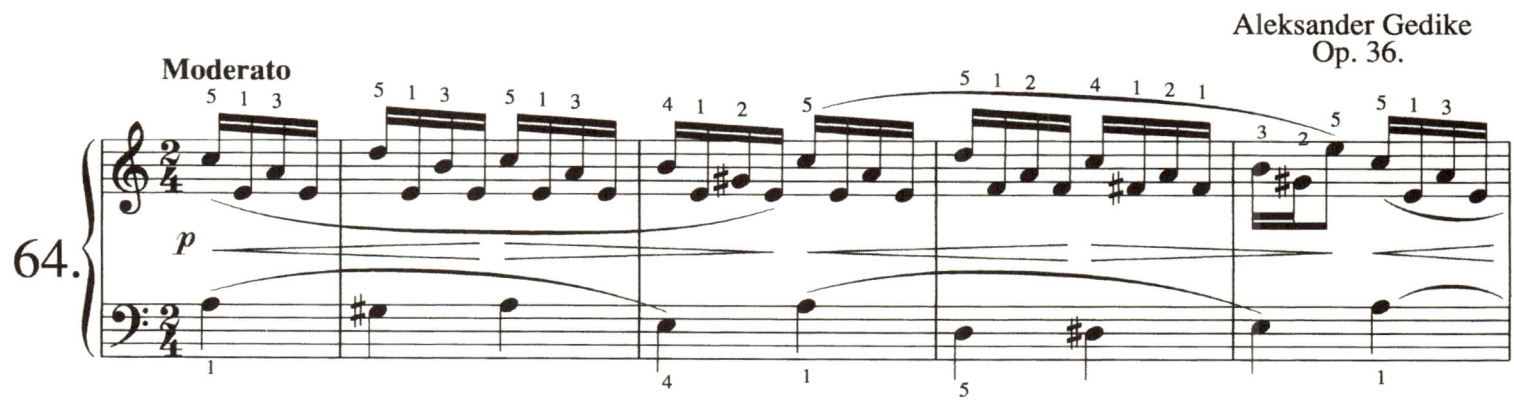

Louis Köhler
Op. 50.

Jean-Baptiste Duvernoy
Op. 276.

76.

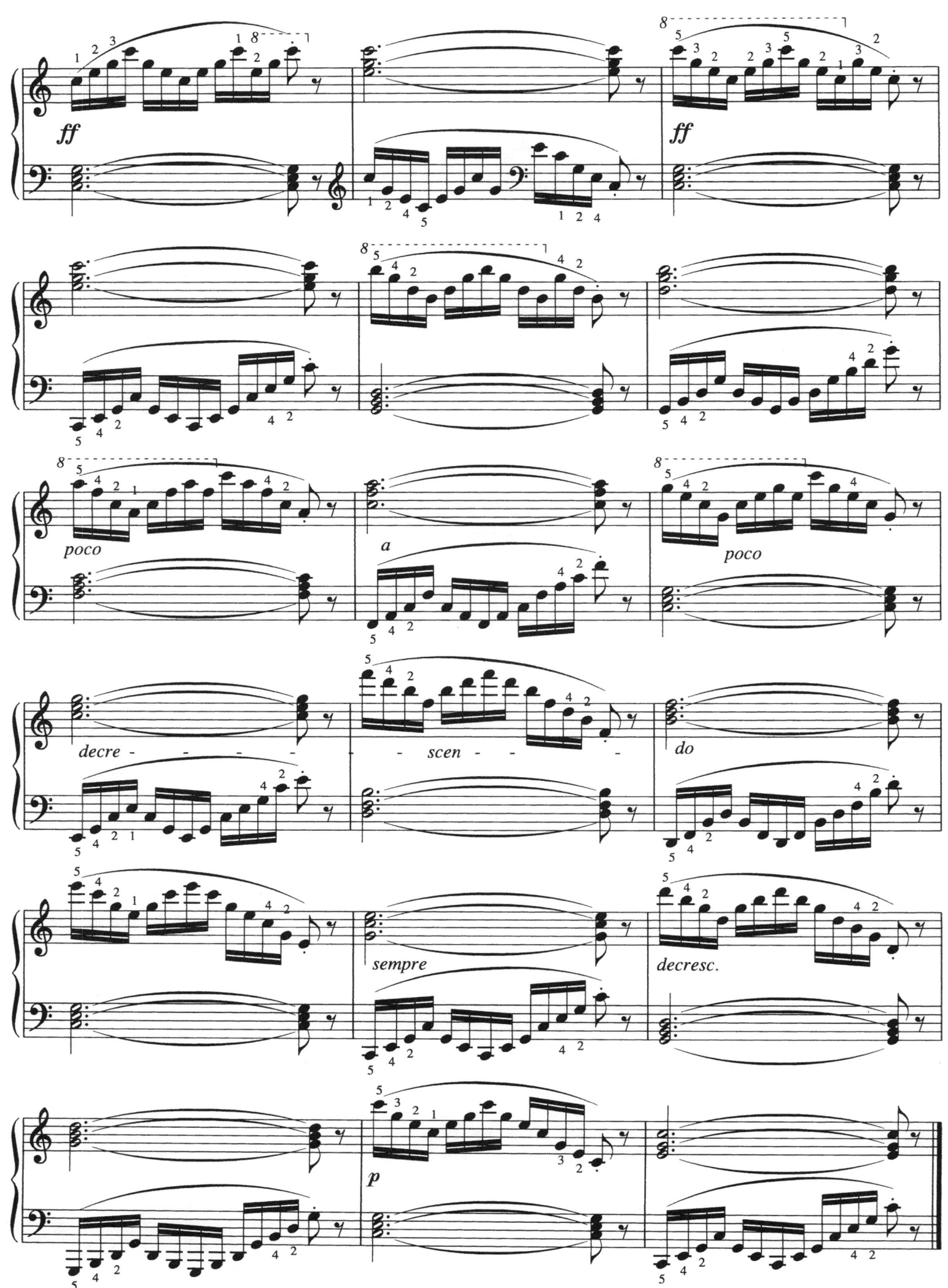

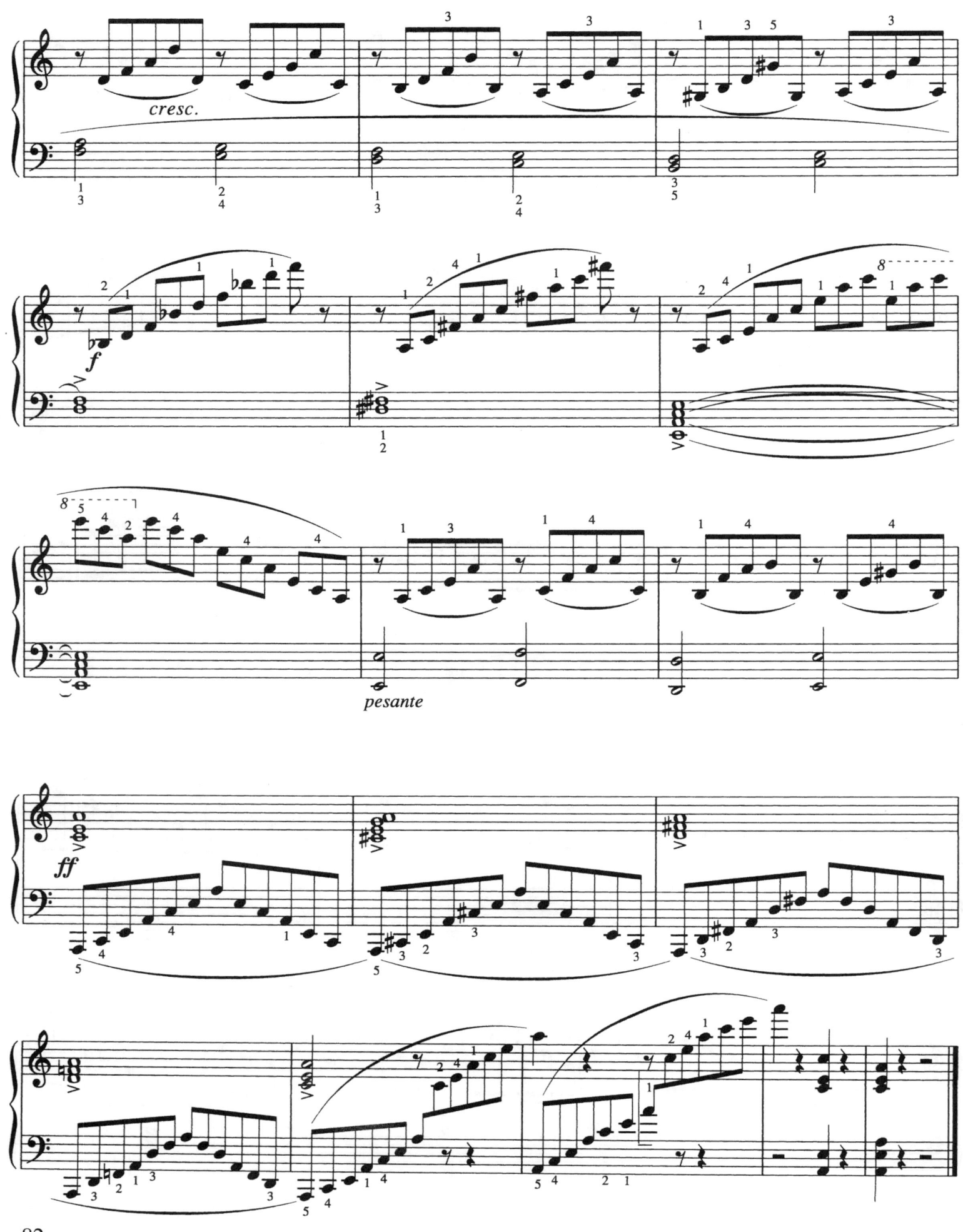

Menuet

Johann Sebastian Bach
BWV Anh. 116.

Fantasia

Allegro

Georg Philipp Telemann
TWV 33:33

83.

Allegro Domenico Zipoli

84.

Praeambulum

Johann Sebastian Bach
BWV 924

85.

Klavierstück für die rechte oder linke Hand allein

Carl Philipp Emanuel Bach

Giguenmäßig

86.

Solfeggio

Carl Philipp Emanuel Bach

87.

Österreichisches Volkslied

Friedrich Kuhlau
Op. 42.

VAR. IV.

Walzer

Allegro

Carl Maria von Weber
Jähns-Anh. 148.

90.

Chord and Staccato
Akkord und Staccato
Accord et staccato

Carl Czerny
Op. 599.

Cornelius Gurlitt

97. Allegretto

Jean-Baptiste Duvernoy
Op. 276.

103.

Jean-Baptiste Duvernoy
Op. 276.

112.

Allegretto

Henry Lemoine
Op. 37.

Rhythmische Studie

Allegro energico

Hugo Reinhold
Op. 57.

Wilder Reiter — Robert Schumann, Op. 68.

Armes Waisenkind

Robert Schumann Op. 68.

Der kleine Reiter

Pjotr Iljitsch Tschaikowski
Op. 39.

Velocity in Playing
Geläufiges Spiel
Jeu véloce

Fantasia

Carl Philipp Emanuel Bach

132.

Johann Sebastian Bach
BWV 927

Praeambulum

133.

Les Papillons

François Couperin

Praeludium

Johann Sebastian Bach
BWV 902a

135.

Ornament
Verzierung
Ornement

Carl Czerny
Op. 599.

143

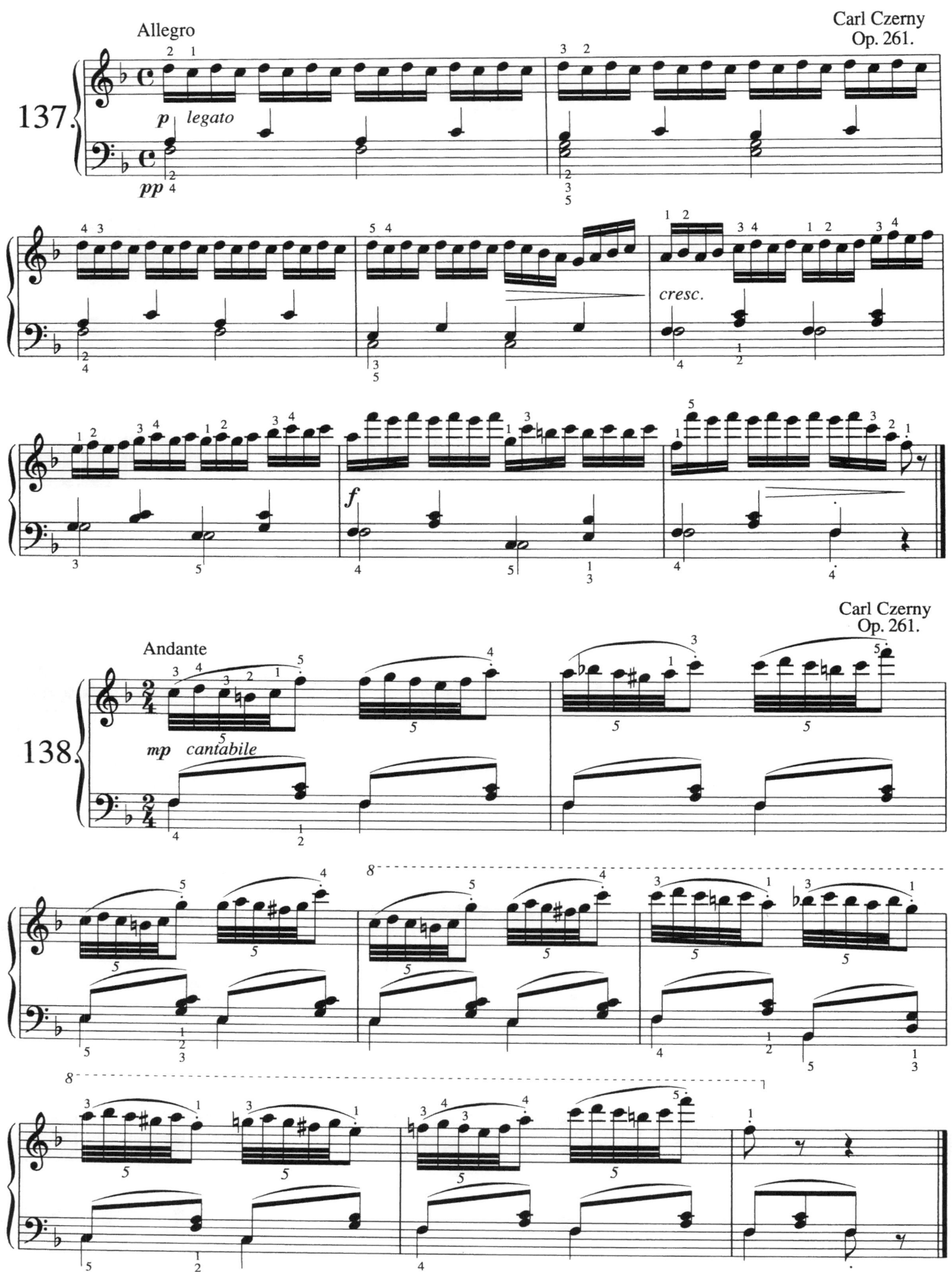

K 134

147

Polonaise

Johann Sebastian Bach
BWV Anh. 128

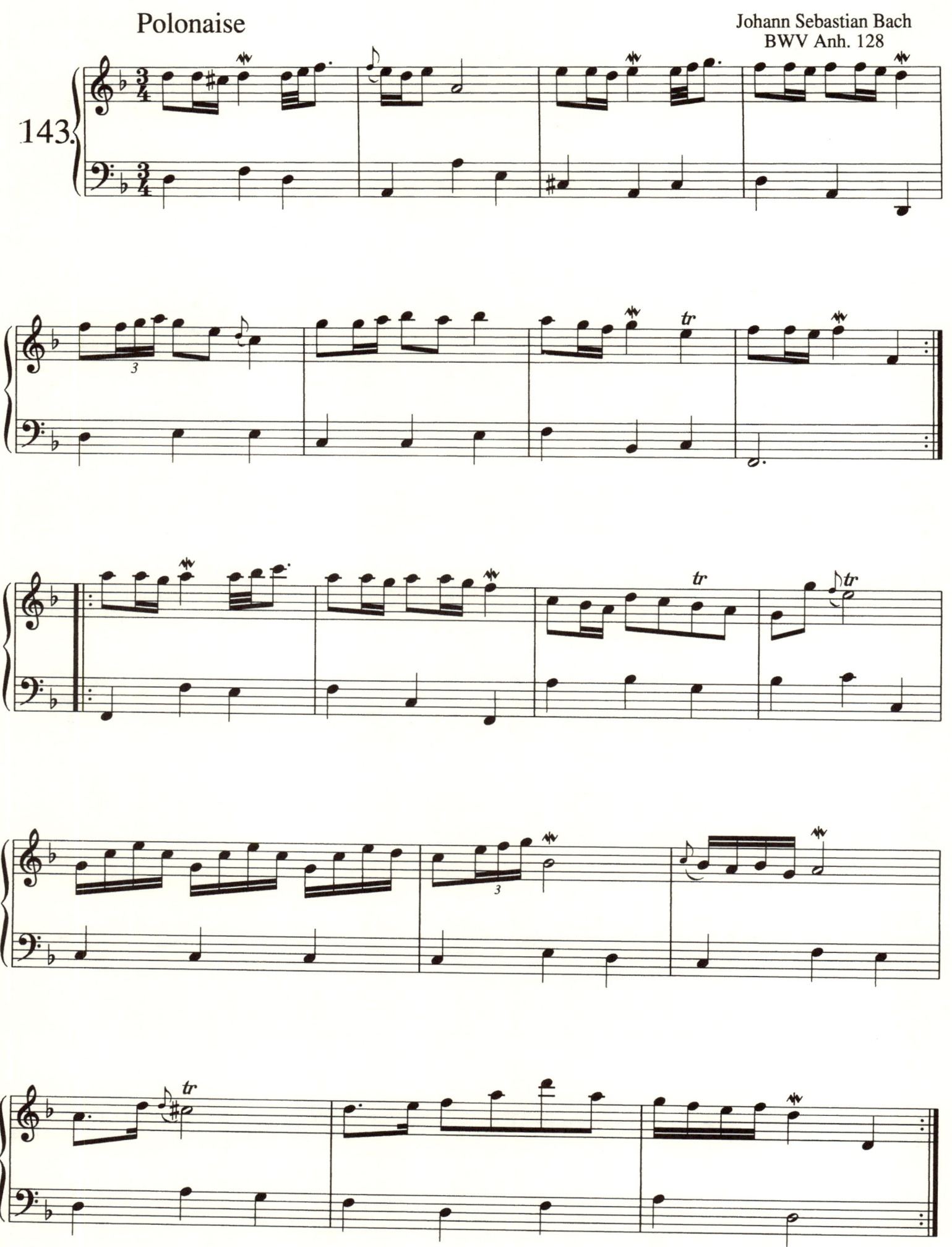

Repetition
Repetition
Répétition

Carl Czerny Op.599.

147.

K 134

153

Henri Bertini
Op.100.

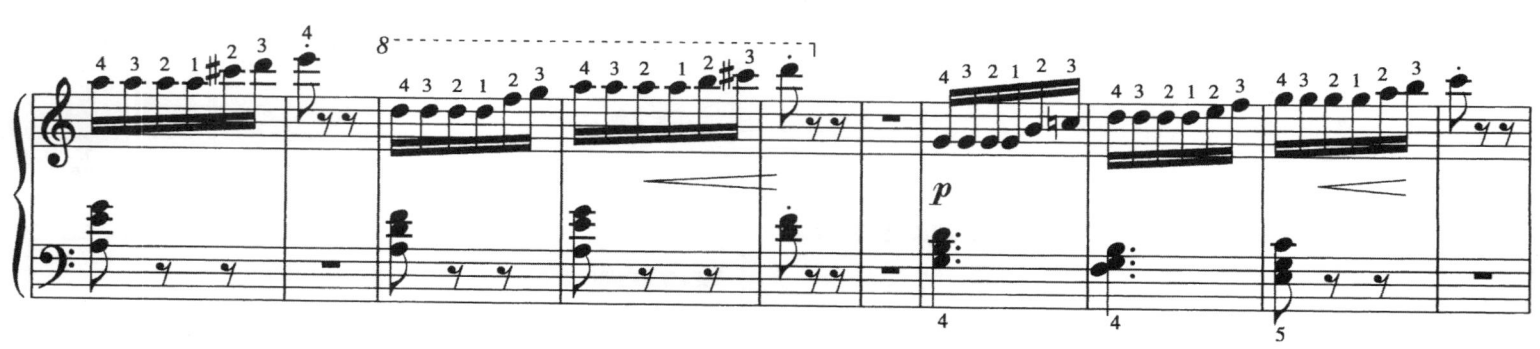
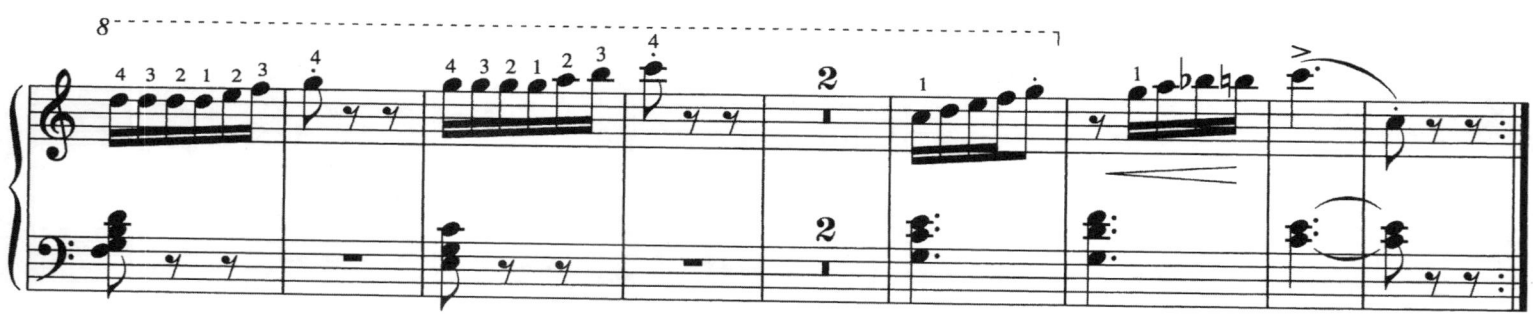

Sonata in a
Domenico Scarlatti
K 149, L 93

Playing in Octaves
Oktavspiel
Jeu en octaves

Hermann Berens, Op. 88.

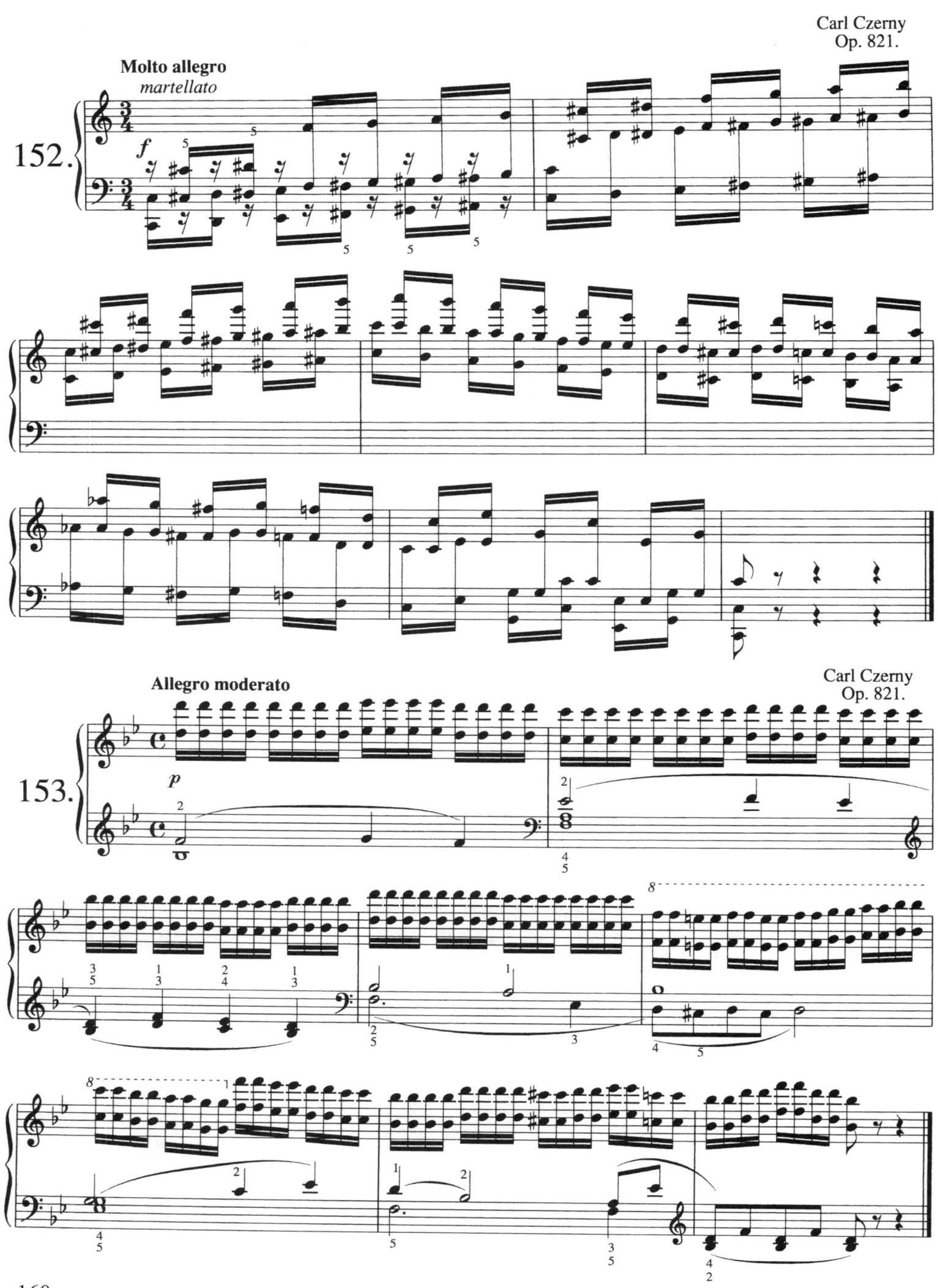

Allegretto Henri Bertini
Op. 29.

154.

 **MUSICA PIANO**

**OVER 25.000 PAGES OF PIANO
MUSIC SHEETS ONLINE**

Bach, Beethoven, Brahms, Chopin, Czerny,
Debussy, Gershwin, Dvořák, Grieg, Haydn,
Joplin, Lyadov, Mendelssohn-Bartholdy, Mozart,
Mussorgsky, Purcell, Schubert, Schumann,
Scriabin, Tchaikovsky and many more

KÖNEMANN

© 2018 koenemann.com GmbH
www.koenemann.com

Editor: Ágnes Lakos
Responsible co-editor: Tamás Záskaliczky
Technical editor: Dezső Varga
Engraved by Kottamester Bt., Budapest

ISBN 978-3-7419-1499-7

Printed in China by Reliance Printing